우물이 있던 집

우물이 있던 집

포엠하우스 22집
포엠하우스 8인의 신작시집

초판인쇄 | 2024년 11월 15일
초판발행 | 2024년 11월 20일

지 은 이 | 성선경 이병관 정보암 김 결 송미선 이복희 김미희 여채원 양민주
발　　행 | 포엠하우스 양민주
펴 낸 곳 | 도서출판 작가마을
등　　록 | 2002년 8월 29일 제 2002-000012호
주　　소 | 부산시 중구 대청로141번길 3, 501호(중앙동, 다온빌딩)
　　　　　T. 051)248-4145, 2598　F. 051)248-0723　E. seepoet@hanmail.net

ISBN 979-11-5606-272-1　03810　정가 10,000원

※ 이 책의 무단전재 및 복제행위는 저작권법에 의거, 처벌의 대상이 됩니다.
※ 저자와의 협의에 의해 인지를 생략합니다.

우물이 있던 집

포엠하우스 22집

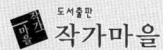

동인의 말

스물한 채의 집을 짓고
힘들어
스물두 채의 집을 지을 것인가
우리 자신에게 스스로 물어보았다
열망 반 절망 반이었다
그런데도
우리는 바르게 살아서 떳떳했다
그리하여
우리 힘으로 집을 짓고
우리가 살기로 했다
해마다
마당 가에 마늘꽃 피우기로 했다
꽃구경 오시길 바라며

— 포엠하우스 동인 일동

포앰하우스 22집
감사 인사

차례

동인의 말 ___ 005

초대시

성선경

눈 휘둥그레 할 당瞠 ___ 012
오늘의 운세 ___ 014
김치를 사는 남자 ___ 015
뚜벅뚜벅 낙타처럼 ___ 016
소소헌笑笑軒에서 ___ 018
구구팔팔이삼사 ___ 020
사는 건 다 거기서 거기 ___ 021
솟대 ___ 022

동인시

이병관

산행 일기 ___ 024
고향 ___ 025
입법 제안 ___ 026
바라보기 ___ 027
마음 방 – 희망 사항 ___ 028
인연의 맛 ___ 029
불 꺼진 창 ___ 030
때늦은 공부 ___ 031

2024

정보암

개명 ___ 034

흔적 ___ 035

새벽꿈 ___ 036

한계 ___ 037

거목 ___ 038

이별 ___ 040

상남 스탈 ___ 042

해식애 ___ 043

김 결

바디 드로잉 ___ 046

에덴동산 ___ 047

어른 술래 ___ 048

적화摘花 1 ___ 050

사월에 무늬가 죽었어요 ___ 052

변형 풍경 ___ 054

해반천 블루스 ___ 056

적화摘花 2 ___ 058

송미선

합숙훈련 ___ 060

다시 한 번 더 ___ 062

커서 ___ 064

우물이 있던 집 ___ 066

마술피리 ___ 068

피차를 파치로 읽으며 ___ 070

잠시 멈춤 ___ 072

포앰하우스 22집
감사 인사

이복희

밥 한 끼 합시다 ___ 076
연결고리 ___ 077
딸 결혼하던 날 ___ 078
땀띠 ___ 079
물이 샌다 ___ 080
꽃무릇 ___ 081
통증 ___ 082
박치 ___ 083

김미희

섞인다, 노랑 ___ 086
우무질 ___ 088
기침 ___ 090
수국 ___ 092
안내문 ___ 093
해토解土 ___ 094
측면 ___ 096
그냥 사용 설명서 ___ 098

2024

여채원

두 마음 ___ 100
힘을 주는 말 ___ 102
착각 ___ 103
노을 ___ 104
흰 꽃밥 ___ 105
화점 – 떨어진 동백꽃을 바라보며 ___ 106
훙어 ___ 107
시접 ___ 108

양민주

초심 ___ 112
소나무 사이로 비치는 푸른 하늘 ___ 113
흰 연기가 피어오르는 그림 ___ 114
철쭉이 피어 있는 산 ___ 115
참죽나무 탁자 ___ 116
웃음을 그리다 ___ 117
바닷가 마을 골목길 ___ 118
꽃이 아닐 것 같아서 ___ 119

포엠하우스 22집

우물이 있던 집

초대시

성선경

눈 휘둥그레 할 당瞠
오늘의 운세
김치를 사는 남자
뚜벅뚜벅 낙타처럼
소소헌笑笑軒에서
구구팔팔이삼사
사는 건 다 거기서 거기
솟대

poem house

- 1988년 한국일보 신춘문예 시부문 「바둑론」 당선
- 시집 『민화』, 『햇빛거울장난』, 『봄, 풋가지行』, 『널 뛰는 직녀에게』 외 다수
- 고산문학대상, 산해원문화상, 경남문학상, 마산시문화상 경남도문화상 등 수상

눈 휘둥그레 할 당(瞠)

고향 집 뒷산을 오른 건 꼭 삼십 년만

온갖 나무들이 무성한데
그런데
꼭 있어야 할 나무 한 그루가 보이지 않는다
이럴 수가, 내가 너무 무심했나?
기억 하나가 그만 사라져버렸다

늘 한결같이
마을을 내려다보던 나무
고향마을 들입의 향교 고갯마루를
할아버지처럼 꼿꼿이
지켜보던 나무

한 그루의 기억이 사라졌다

온갖 나무들이 더 무성해졌는데
그런데
꼭 있어야 할 나무 한 그루가
보이지 않는다

〉
할아버지의 헛기침이 계시지 않아
헛헛해진 사랑채 같은
고향 집 뒷산

그만 기둥 하나가 사라져 버렸다.

오늘의 운세

두부처럼 쉽게 부서지는 하루이니
사소한 일에도 조심조심할 것, 그런데
그런데 오늘 하루도 벽돌처럼 단단해서
사소한 일도 벽처럼 막아서고, 나는
우선 먹기 아이스크림이라고
세상은 얼음과자처럼 녹아내리는 것이라고
제 발등 제가 찍어가며
혓바닥으로 살살 녹여 먹는 이 맛
세상이야 벽돌처럼 굳어지든 말든
녹아내리기 전에 얼른 핥아야 해
요즘 아이스크림은 혓바닥에 닿기도 전에
먼저 녹기부터 해, 언제 젓가락을
남의 상 위에 올려놓지, 눈치 없이
저 사소한 일들이 벌써 벽돌처럼 굳어
딱딱해지기 시작했는데, 혀가
굳어 말이 나오지 않는데
두부처럼 쉽게 부서지는 하루이니
사소한 일에도 조심조심할 것, 그런데
하루살이처럼 너무 더운 이 날씨
정말 젬병이야, 젬병.

김치를 사는 남자

네, 하면 될 일
아래위를 한 번 훑고
그만 담을까 하다 한 움큼 더
왠지 홀서방 같아서
더 필요한 것 없어요? 하다 말고
깍두기도 두어 점 더 담고
자 여기 내밀며
다시 한번 위아래를 훑고
오천 원이에요
지갑에서 돈을 치루고 나오는데도
뒷꼭지가 이상하게 뜨뜻한
김치 오천 원어치
빌어먹을,
자 '김치' 해보세요
찰깍, 하고 싶은
저 심정을 누가 아나.

뚜벅뚜벅 낙타처럼

이런 고백은
시든 가을의 국화처럼 식상하겠지만
나는 옛날 사람이야 타고날 때부터
낙타처럼 혹을 달고 나왔지
끝없이 사막을 걸었고 가끔
오아시스에서 별점이나 쳤지
늘 비가 내리는 사막을 꿈꾸었지만
늘 모래바람에 숨이 막혔지
밤에는 모닥불이 정말 좋았어
그러나 좋은 시절은 너무 짧은 게 흠
등짐은 집을 떠날 때도 있었고
집으로 돌아오는 길에도 있었지
앞장선 깃발은 없었지만
늘 줄을 맞춰 길을 걷고
앞 발자국 위에 내 발을 얹지
나는 태어날 때부터 옛날 사람이야
뜨거운 모랫길을 잘도 걷지
하루 종일 군말도 없이 뚜벅뚜벅
가끔 신기루를 만나면 신이 나
어제 친 별점을 되새김질도 하지

모래바람에 숨이 막혀도
이 오아시스에서 저 오아시스까지
따뜻한 모닥불을 꿈꾸며
밤이슬에 젖으며 걷고 또 걷지
이런 고백은 식상하지만 나는
태어날 때부터 옛날 사람이야
살기 위해 걷는 것이 아니라
걷기 위해 사는 것처럼
뜨거운 모랫길을
오늘도 잘도 걷지.

소소헌笑笑軒에서

나는 삼엽충 화석 하나를 갖고 있다
저 고생대에서 온
절지동물의
화석 하나를 갖고 있다

애야! 너는 장손長孫이란다 등 토닥이며
이담 손자를 보게 되면 꼭 보여줘야지

약 5억 7000만 년 전
캄브리아기의 초기에 나타났던
삼엽충 화석 하나

아직 아들에겐 보여주지 않은 이것
이다음 손자를 보게 되면 꼭 보여줘야지

나는 아직 느껴보진 못했으나
세상에서 가장 큰 즐거움은
포손지락抱孫至樂이라는데

애야! 너는 장손이란다 말하며

〉
이다음 손자를 보게 되면 꼭 보여줘야지
아직 아들에겐 보여주지 않은 이것

아직 장가도 들지 않은 아들의
아들을 그리워하며
약 5억 7000만 년 전
저 고생대에서 온 삼엽충 화석 하나를
나는 갖고 있다.

구구팔팔이삼사

늙은 호박보다 못한 주름살들이 모여
탁배기를 한 사발 들이키는데
그 건배사가 멋지다
구구팔팔이삼사
아흔아홉까지 팔팔하게 살다가
이삼일만 아프다 죽는다는 건데
건배사치곤 마음이 짠하다
진하고 달콤한 내일을 위한 진달래도 있고
청춘은 바로 지금이라는 청바지도 있고
갈수록 매력적이고 기운차게 갈매기도 있는데
즐거운 술자리에 아직 오지도 않은 죽음이라니
주름살에 저승꽃이 환하다
약재상에 쌓아놓은 늙은 호박들처럼
원탁에 둘러앉은 주름살들이
다음 장날에는 또 만나보려나
내일을 장담할 수 없다며 탁배기 잔을 들고
안주를 권하며 입가를 닦으며 건네는 말
구구팔팔이삼사
그 건배사가 멋지지만
짠하고도 애틋다.

사는 건 다 거기서 거기

잘 사는 놈도 하루 세끼
못 사는 놈도 하루 세끼
다 거기서 거기
못 먹든 잘 먹든 하루 세끼
그래 니들 잘났다
잘 사는 놈도 오직 새끼
못 사는 놈도 오직 새끼
다 거기서 거기
못 살든 잘 살든 오직 새끼
다 거기서 거기
그래 니들 잘났다
이러나저러나
사는 건 다 거기서 거기
다른 말이 또 뭐 필요해.

솟대

어떻게 그런 생각을 처음 했을까?
나무의 옹이를 다듬어
새를 만드는 사람
뭉쳐지고 일그러진 나무토막을
새를 만들어 기원의 깃대 끝에
앉힐 생각을 했을까?
알고 보면 시詩란
사물의 원형을 새로이 발견하는 일
깃대 끝에 앉은 새가 먼 곳을 볼 때
내 눈도 저 먼 그리움의 끝에 가 닿는다
처음 나무옹이를 다듬어
새를 만들어 앉힌 사람은
기원의 시를 쓰는 시인
깃대 끝에서 새가 울면
하늘 저 끝에서 내 기원의 응답을 받아
새소리로 조용히 내게 전해준다
깃대 끝에 앉은 새가 먼 곳을 볼 때
내 눈도 저 먼 그리움의 끝에 가 닿는다.

이병관

산행 일기
고향
입법 제안
바라보기
마음 방 —희망 사항
인연의 맛
불 꺼진 창
때늦은 공부

poem house

- 《한글문학》 등단
- 김해문인협회 회원
- 낙동강문학상, 김해문학상 수상

산행 일기

가끔 가는 산행에서 저절로 되는 공부
이 나무 저 나무 등 많은 나무를 보는 일이다
체형도 다르고 자세도 각각인 데다
어서 오세요. 편안히 자주 오세요
나무의 속말 귀담아듣는 것도 즐겁다
자리 잘 잡은 나무나 바위틈에 고생하는 나무
사람 팔자 나무 팔자 다 똑같은 듯한데
어느 경우에도 불평 한마디 없는
저 마음 자세 꼭 닮아야겠다.

고향

고향을 떠올리며 위안을 받으니 참 좋다
어릴 적 친하게 지낸 친구와 이웃들
생각만 해도 따스함이 꽉 차오르는데
이게 바로 행복이지 싶다
만나서 밥 한 끼라도 하고 싶지만
그것도 마음처럼 쉽지는 않더라
언제나 다들 잘 살기를 바라는 간절함이
진정한 고향 사랑 아니겠는가
내 인생의 따스한 속 불, 참 고맙다.

입법 제안

무대에 서서 각자의 역할을 하는 사람들
이름값 하려고 힘쓰기는 하는데
다들 사심 없이 잘해주면 좋으련만
마음에 안 드는 경우가 다반사다
내 손으로 뽑았으니 누구 탓하겠냐마는
중간 평가로 바른길 이끌어준다면
그게 진정한 민주주의 아닐까
공약이 실천으로 이어지는 관례가 되도록
법 하나 만들어보자.

바라보기

비난할 때 쓰는 말 중에
짐승보다 못하다는 말이 제일 독하지
어릴 적 어른들 이야기 중에 들은 적 있는데
짐승이 상대를 물어뜯어 죽이는 것과
끊인 적 없는 인간 전쟁이 비슷하다 했지
그러니 잔인한 동물 일 순위가 인간이고
문화와 문명 발전에 백 년 천 년 지나도
잔악한 인간의 악습 계속될 거라는 결론
맞지?

마음 방
 - 희망 사항

살아생전에 가능하긴 할까
누구라도 와설랑
자고 가고
놀고 가고
분탕질해도 되는 마음의 방
언제쯤 다 만들어질까

이제 남은 세월 얼마 안 남았는데.

인연의 맛

산다는 일은 사람을 만나는 일
돌이켜보면 손에 다 꼽을 수 없을 정도로
많은 인연이 나를 스쳐 갔다
삶의 전부라 해도 과언이 아닌 인연
소중하게 관리 못한 듯 해서 반성이 된다
생각만 해도 고마운 사람들
오래된 된장 맛처럼 질리지 않고
마냥 구수해서 좋다.

불 꺼진 창

젊었을 적엔
오만 거 때만 거 다 해보고 싶었고
갖고 싶은 것도 참 많았는데
지금은 그 욕심 다 어디로 사라졌는지
마음을 긁는 일이 없다
바보가 되어버린 걸까 싶기도 하지만
그래도 이리 편안한 적 없었으니
캄캄하게 불 꺼진 방
불 켜지 말아야겠다.

때늦은 공부

가만히 앉아 말 한마디 없이
백 년 천 년 묵언 수행하고 있는 산
불평 많은 내 버릇 나무란다
날마다 이 산 저 산 쳐다보면서도
따라 공부 한번 제대로 못 하고 있으니
부끄러움 속에서 스멀스멀 올라오는데
마을 뒤 어디 호젓한 곳에 올라가
반성 절 많이 해야겠다
'한결같은 가르침 감사합니다!'

포엠하우스 22집

우물이 있던 집

정보암

개명
흔적
새벽꿈
한계
거목
이별
상남 스탈
해식애

poem house

- 1997년 《창조문학》 등단
- 창조문학가협회 이사
- 시집 『사계』, 『오후 네 시. 새 출발 준비할 시간』
- 소설 『나무는 어찌 거목이 될까요』
- 2014년 창조문학 대상

개명

옛날 옛적 갓날 갓적에
중국 글자 최고인 그때

기역은 한자 '윽'이 없어 '役(역)' 소리로 윽 대신
디귿은 한자 '읃'이 없어 '末(말)' 뜻으로 읃 대신
시옷은 한자 '읏'이 없어 '衣(의)' 뜻으로 읏 대신했어

이제는 세계가 부러워하는 한글로
리을, 피읖, 히읗처럼
기역, 디귿, 시옷을
기윽, 디읃, 시읏으로
쉽고 부르기 좋게 바꿔야

이 나라 모든 학생
한국어 따라 하는 외국인
나아가 국민 방송 KBS도
활짝 웃으며 불러 줄 것이여.

흔적

바닷물 짙게 밴 하늘
가쁜 숨 뭉쳐
바람이 찍어 방목한 양 떼
발그레 귀소하는 저녁

서산이 허리 들수록
오금 저리는 다리
잠시 멈춰 서
식은땀 추스른다

문득 이곳은
한 평짜리 내 몸
누일 만 한 풀밭
둘러보니 무덤의 자취

솟구친 분봉마저
계절 따라 피고 져
해체된 기억의 평탄
어느 영웅호걸이던고.

새벽꿈

새벽마다
속보가 눈 귀를 찌른다

남북 연결 도로 폭파
북한 헌법 제1의 적대국 명기
한국은 이제 동족 아니다
비현실적 망상을 쏘아버리자

해뜨기 직전 한기 심하네
곧 통일 일출할 모양이다.

한계

교실은 여전히 강자의 논리
문명국은 여전히 제국 관습
민주주의 오늘도 체제의 늪

호모사피엔스 지성은
본능의 바위 계란치기.

거목

나무가
한곳에 오래 살면
가지 벌어지는 만큼
그늘도 짙어지고
찾는 생명도 많다

그런 나무는
대개 빼어나지 않고
몸에는 상처투성이
속이 문드러져 새까맣다
여름내 매미 소리
가을마다 털어 낸다

수백 년 사노라면
시나브로 사람들
새끼줄 금줄 두르고
정화수 그릇 놓아
끝없이 절을 한다

거목이 되면

소문으로 신령 피워

생사 여탈권 쥐고

행복도 점지해 주면서

넉넉한 의지처 된다

나무만 그런 거 아니다

호랑이도 그렇고

사람도 그렇다

빼어난 사람 더욱 그렇다.

이별

지혜롭고 투명한 그대
만날 때마다 떠날 준비네요
아마도 이별의 원천차단
사랑을 박제하고 싶나 봐요

그래도 가을은 넘겨주세요
샛노란 그 은행 찰랑이는 소리
명주실 햇살 사이 눈물 밟는 소리
쌓이는 단풍잎 차마 못 보겠어요

겨울은 지나셔야죠
첫눈이 부끄럽게 방문한 아침
시린 손 호호 불며
가분수 눈사람 또 만들어야죠

봄은 이별이 불허된 계절
행복에서 행운 구태여 헤매다
풀꽃 반지 낀 하얀 손가락
흔드는 손끝 꽃내음 분분해요

여름은 제발 함께여야겠죠
외로운 섬 고독이 이주한 기슭
우리가 함께 가지 못한다면
밤하늘 명멸하는 영혼도 깜깜해요

그대 사랑을
미덥잖게 여기신다면
부디 계절 끝자락 박제하구려.

상남 스탈

오빤 상남 스타일

오랜 세월 수도승처럼
정의 공정 스틱 짚어
곁눈질 않고
사람에게 충성 않고
자갈길 터벅터벅 걸을 때
넉넉한 곳간, 유연한 삶
그윽한 영적 밀어
귀엣말 주신 공주님

나는야 백마 탄 기사
어떤 악마도 끝내 물리치리라

오빤 상남자니까.

해식애

낭떠러지 오늘도
목을 빼 바라본다

수천 년 할퀴는 삭풍
수만 년 적시는 염수

받아주고 품느라
어느새 가슴 문드러지고

앙상한 그리움
겹겹이 쌓은 채

까맣게 탄
낭떠러지 되었다.

포엠하우스 22집

우물이 있던 집

김 결

바디 드로잉
에덴동산
어른 술래
적화摘花 1
사월에 무늬가 죽었어요
변형 풍경
해반천 블루스
적화摘花 2

poem house

- 2020년 《시현실》 등단
- 시집 『당신은 낡고 나는 두려워요』
- 시산맥, 영남시동인 활동

바디 드로잉

그림자 속에는 어제의 물컹한 것이 기웃거려요

특별하지 않아도 됩니다 소소한 하루의 일상이 차곡차곡 모여 취향적 역사가 된다잖아요 그림자를 느껴 보세요 다행인지 햇살이 좋아요 이렇게 저렇게 마음을 옮겨 봐요 나의 손과 발을 내가 움직이는 데에도 용기가 필요할까요 그림자가 온몸을 구기며 쉽게 나오지 않는 것은 동작이 서툴렀을 뿐 잘못이 아니에요 많은 생각은 더디게 할 뿐이죠 손가락 꼼지락거림부터 뛰고 뒹굴고 큰 동작까지 마음껏 표현해요 마침 바람이 불어오네요 흙담 속에서 배롱나무 이파리가 흔들려요 자유분방하게 노래해요 태어 나기 전부터 움직이기 시작한 우리잖아요 심장 소리와 마음의 방향이 오늘은 헝클어졌어요 외팔이 인형일지라도 그림자조차 약해 보이고 싶지 않아요 잘려나간 마음에서 푸른 더듬이가 자라나요 자 이제 두려운 뒷걸음을 숨기고 섬세한 동작으로 나를 그려 볼게요 햇볕 가득한 마당에 그늘 물결이 흘러내려요 뭉툭한 나를 뿌려 보아요 땅바닥에서 허공 속에서 초록이 솟아올라요 아스라이 기억을 가진 그림자가 날아올라요 순간,

검은 눈물이 함께 춤을 춰요 따뜻하게 소복하게,

에덴동산

 대청천 계곡물은 거침없이 흘러가고 있었다 두 사람은 물소리 따라 계곡으로 내려갔다 발을 담그고 하늘을 본다 준비해 온 도시락을 펼쳐 놓고 흐르는 물을 바라본다 자귀나무 꽃의 왕관은 어제보다 화려하고 상수리나무의 잎은 오늘만큼 두터워졌다 매미 울음소리 맞춰 바람도 춤춘다

 그렇게 한참을 계곡에서 쉬었다 그리고 계곡을 올라갈 때였다 제대로 된 길이 없는 계곡을 남자가 먼저 올라갔다 이쪽으로 올라오라며 여자에게 손을 내밀었다 위태로운 바윗길이었지만 여자는 남자가 내민 손을 잡고 올라갔다 남자는 손이 미끄러워 혹시라도 놓칠까 싶어 힘껏 잡아 끌어올렸다 순간 여자는 남자의 힘에 못 이겨 넘어졌다 무릎이 까졌다 자두 한 개 숨어 있다가 하얀 바지 위로 발그스레 생겨났다

 남자와 여자가 손을 내밀고 손을 붙잡고 자두 향이 피어나는 사이에도 계곡물은 여전히 흐르고 돌은 단단하고 산은 말이 없다

김결

어른 술래

동생이 숨었다

가위바위보!
언제나 지고 마는 누나는
오늘도 술래다
감나무 아래 여기 숨었을까
장독대 뒤에 저기 숨었을까
너무 꼭꼭 숨지는 마!

어른이 되었지만
나는 아직도 술래다
너무 꼭꼭 숨지는 마!
손잡고 가야지 기다리는 집으로

강물은 어제처럼 흘러
하얀 나비 한 마리
지문 사이를 헤집고 다니다가
팔랑거리며 날아가 버린다
동생 옷을 태우던 날 잠시 머물다
날아가 버린 그 나비

〉

이제 그만 나오렴
손잡고 새벽을 맞이하지 않을래

나비가 깨어나기를 기다리는
나는 여전히 술래다

적화摘花 1

끔찍한 일이에요

꽃눈이 깨어나 하얀 꽃이 만발해요
곡우를 하루 앞두고
꽃 솎기를 했어요
짝을 맞추고 흘러나오는 노래에 엉덩이춤을 추며
꽃인지 수다인지 따 내기 바빠요

처음으로 해 보는 적화예요
이렇게 요렇게 하면 된다고 알려 줘요
도무지 알 수 없는 것
어느 것이 실한 놈이 될지 분간이 안 돼요
더 과감해야 할까요
만개한 꽃에 설레고 탐스러운 열매에 아찔했어요
서툰 나에게는 버려진 꽃들이 아깝기만 해요
간밤에 죽는 연습을 한 꽃이 있어요
살아서 몹쓸 시간이 뭉툭 뭉툭 잘려 나가요

비가 내려요
생과 죽음에 더없이 가벼운 비

남겨진 꽃과 떨어진 꽃이 함께 비에 젖어요
문득 떨어진 꽃에서 맴돌던 벌이 생각났어요
하필이면 떨어진 꽃에서 꿀을 발라 먹는지
자리마다 융단을 깔아 놓은
고랑에는 내던져진 모가지가 소복해요

그가 말했어요 내 안에 붙박이장처럼 눈물이 박혀 있다고

사월에 무늬가 죽었어요

얼레지를 피워 올리는 옆구리를 생각하면
절룩거리는 얼굴로 당신이 다가와요

산 울음 찾아 맨발로 걸어요
흔들리는 물고기, 매화꽃 피운 문살, 꼬리가 붙은 용마루, 아직 털신이 놓인 신발장, 텅 빈 눈

나는 무늬를 가지고 싶은 연분홍이에요

흐르는 계곡에는 바람이 높다란 꽃의 밑을 파고들어요
나의 안쪽과 당신의 바깥쪽
오래된 시간만큼 구불거리는 울음을 찾아
자갈 밟는 소리에 귀가 자갈거려요

풍경을 적시는 소리
고요하게 잠든 계동
뒷산 돌너덜 휘돌아
늙은 산 능선 따라 걸어요

바람은 발이 아파요

연분홍은 대답이 없어요
별 같은 꽃이 저기에만 있어요

툭, 하고 떨어질 때
비어 있는 하늘이
내 숨소리에 당신 숨소리를 담았어요
들꽃 골짜기 움켜쥐고

나는 당신과 같은 무늬를 가지고 싶은 연분홍이에요

변형 풍경

사거리 빈터에 새 건물이 들어섰다
자동차 흠집 제거 외형 복원
모서리에는 거울이 한쪽 발을 올려놓고
오가는 사람들을 포섭한다

오른손을 들어 인사하면 오른손이 대꾸하는
어제의 주인공이 오늘은 관객이 되기도 한다

나를 보고 있는 나
그런 나 뒤에서 내일에서 온 나를 만나기도 한다

나를 보고 있는 너
어쩌면 너이고 싶었던 나, 인지도 모른다

남겨진 빛 속에서 소란스러운 침묵이 들끓고
그 길을 따라가면 사라지는 순간들, 순간으로 들어가면
거울 속의 거울을 만질 수 있을까

건널목 앞에서 신호대기 중

거울이 나를 읽는 시간은 삼 분
그 안에 모든 것을 보여 주고
뒤돌아 나간다

닦지 않은 거울 속에서
그대로인 채 아득하게 바래 간다

흠집 제거 외형 복원
나의 주저함을 자꾸만 받아 읽으려는 너

나의 변심을 변형으로 착각하는,
아득한 풍경

해반천 블루스

그냥 걷기로 해요
불어오는 바람에 마음을 열고
밝아오는 아침 소리 듣기로 해요

시냇물 이야기에 귀 기울이고
구름 흐르는 사연 들어 보아요
계절의 발자국에 맞장구치며
오목조목 산책해요

쫓지 않아도 가는 시간이며
밀어내지 않아도 만나는 세월 속에
더디게 간다고 야단할 사람 없으니
천천히 그렇게 산책해요

개망초 웃음소리와 강아지풀 재잘거림에
코스모스 키가 부쩍 자라나면
벼 이삭 여물듯 그리움도 여물어질까요

서녘이 들려주는 노을 소리 같이 들어요
은하수 건너 달려오는

당신을 위해 비워 둔 자리는
아직도 푸릅니다
그냥 걷기로 해요 우리,

적화摘花 2

 동생을 먼저 시집보낸 밤 아버지는 울었다 순서 없이 결혼하는 일이 무슨 대수냐고 달래기도 했지만 커다란 어깨의 들썩거림은 겨울밤보다 더 깊었다
 인연을 찾는 일이 어디 쉬운 일인가 연을 맺는다는 게 얼마나 어렵고 진중한 일인가 아버지도 모르는 바 아니었다
 이월에 꽃을 피운 그녀는 날마다 와이셔츠를 다리고 식탁을 차렸다 사랑에는 여러 종류가 있다고 말해 준 당신의 말을 조금씩 이해해 갈 즈음 자신도 모르게 깊어진 내 안의 한숨으로 꽃잎을 하나씩 똑 똑 따냈다

 가을이 짙어간다 오늘도 급하게 뛰어나온 그녀 젖은 머리카락을 매만지며 버스를 기다린다 2-1번 정류장에서 잠시 자신을 추스른다 핑크빛 스카프가 바람에 휘날린다

 '곧 도착' 버스 알림이 뜬다

송미선

합숙훈련
다시 한 번 더
커서
우물이 있던 집
마술피리
피차를 파치로 읽으며
잠시 멈춤

poem house

- 경남 김해 출생
- 2011년 《시와사상》 등단
- 시집 『다정하지 않은 하루』, 『그림자를 함께 사용했다』, 『이따금 기별』

합숙훈련

지그재그로 불쑥 솟는 두더지게임처럼
마구잡이 쏘아 올린 조명탄처럼
브레이크를 버린 액셀처럼

국수틀을 지나간 반죽덩이가 쏟아내는 빗줄기
사실이 아니라는 소문이 사실이길 바라며
뒤엉킨 마음이 합숙훈련을 한다

과녁은 사정거리 밖에 있고
너의 물음표가 나의 말줄임표와 달라도
아무렇지 않아

해묵은 이름표는 나뭇가지 끝에 걸어두고
이명 사이로 들리는 구령에 맞춰
허밍 사이사이 휘파람으로 입김을 불어넣는다

설탕에 절여진 하루를 털어내면
발톱에서 단내가 피어오르고
벽에 기댄 매트리스에 새우등을 눕는다

날개를 접어버린 말도 알아들을 수 있게
오늘의 목차를 맨 뒤쪽에 배치한다

다시 한 번 더

박수를 부탁드리겠습니다

 꽃다발과 플래시 세례가 무대를 데웠다 박수를 한 아름 안고 무대를 내려가는 수상자의 발끝을 잡으며 마이크는 거듭 박수를 강요한다 부정교합처럼 손가락 틈새로 찬바람이 든다 엉거주춤하던 꽃다발이 몸을 돌려 고개를 숙이기 전에 사그라지는 메아리

 언젠가부터 사회자는 서로 혀가 닮았다며 앵무새를 키웠다

 마이크는 폭력을 일삼았고 축하객들은 근질거리던 손바닥을 두루마리 휴지처럼 구긴다 곁눈질이 익숙해진 객석 사이로 돌아다니던 하품은 다른 하품을 낳고 또 낳고

 잠시 뒤 꺼질 조명이 아쉽다는 듯이
 있지도 않을 커튼콜을 앞당긴다는 듯이

 거부할 수 없어 손을 버릴 수밖에

바닥에 버려진 박수가 수북한데
화려한 깃털로 치장한 마이크는 앵무새를 데려온다

다시 한 번 더 큰, 박수를 부탁드리겠습니다

커서

 오늘도 마주 앉습니다

 혹자는 꽃자리를 만들어 주기도
 벌거벗은 갯벌이 물이불 덮는 모습을 함께 보기도 한다는데
 나는 당신 뒤꿈치만 보며 걸어가는 것밖에 모릅니다
 젖은 문장이 흘러내리고
 페이지를 넘길수록 갈래길은 좁아집니다
 때로는 게으름이 도져
 시체놀이가 지겨워질 때쯤 잠이 쏟아집니다
 무단횡단이나 뒷거래를 단호히 거절하여
 손바닥엔 지도만 쌓여갑니다
 제 맘대로 지워버린 것은
 눈감아 줍니다

 어쩔 수 없어

 등 뒤로 슬쩍 놓고 달아나는 술래를 바라봅니다
 둘러앉았던 사람들이 하나 둘 사라지고
 혼자서 수건을 돌립니다

〉

언제부턴가 깜박이고 있는 커서를

그늘에서 말립니다

우물이 있던 집

서랍은 늘 배가 불렀다
몇 장인지도 모를 지폐가 차곡차곡
두어 장을 빼내도 표가 안 났으니까

시험성적이 좋은 날이면
아버지는 용돈을 주었다
받아본 적 없는 나와 달리
중학생이던 동생은 월례행사를 치렀다

굳게 닫힌 방문 위
작은 창으로 내비치는 불빛은 꺼지지 않아
그만 공부하고 자라, 그만 자라
자정이 훌쩍 넘어 조심조심 채근하던 엄마 목소리는
동이 틀 때까지 거실에 머물렀고
아침이면 코피를 쏟던 동생

슬쩍 가져간 사람도
없어진 줄도 모르는 사람도
반백을 넘긴 지 오래 전

복리에 복리까지 따져
독장수구구 셈법으로라도 갚아야하는데
고해성사로 대신 했다

눈을 감으면
여덟 식구가 밥상머리 법문을 듣고 있다
우물이 있던 집이 그리운 날은
서랍을 연다

마술피리

자정의 가장자리가 묽어진다
겨우 끌어올린 입꼬리에서 검은 웃음이 흘러내리고

붉은 장미가 비둘기로 변하는 것을 보며
어제와 오늘의 경계에서
마술처럼 파랑새가 날아오르기를 기다린다

보푸라기를 떼어 내는 것보다 연기에 취해 있는 시간
이 더 길다
닿았다 떨어지고 다시 닿는 발끝을
증명할 길이 없다

마술피리를 뒤춤에 꽂고
변명에 대한 변명을 하려고 호주머니를 뒤집는다
꼬인 하루가 쏟아지고
자신이 용서가 되지 않는 날
점점 짙어지는 시계 초침 소리를 쫓는다
누군가 날밤을 샜다는 말을 들으며
눈을 감고
쉼 없이 제자리를 돈다

둥지를 찾는다는 핑계로 나를 속이며
가시나무새 한 마리 키운다

피차를 파치로 읽으며

 발등을 쓸며 먹바람이 지나갔다
 꾸들꾸들 말라가는 그믐 낮달이 간밤 불콰했던 민낯을 가리고

 보이는 것이 다가 아니었다
 고개를 끄덕이거나 도리질해 봐도
 더 이상 양보나 양해는 없다고

 빌려온 웃음 뒤에 숨어있던 나는
 겁이 났고

 덤이라며 두 손 가득 쥐여준 봄눈
 초 대신 나를 꽂고 저물어가는 하루에 성냥을 그었다

 모르는 게 약이라는 말도 유통기간이 지난 지 오래 전

 네가 전염될 때까지 기다릴 수 없어 나는 잔기침을 되새김질 했다
 피차를 파치로 읽으며 가슴을 쓸어내리고
 노랗게 물오르는 달을 본다

〉
용서는 그렇게 시작되었다

잠시 멈춤

오늘은 버스를 뒤따라가려고요.
추월선을 달리다가 차선 변경을 했어요

버스 꽁무니에서 날숨이 덤벼들었어요
앞의 너머가 보이지 않아
가끔 하품이 나긴 하지만

가다 멈추는 버스가 쿨럭쿨럭 거려서
뒤따르기를 꺼리지만
누구도 감히 끼어들지는 않으니까요
자주 멈추는 버스가 숨 돌릴 여유를 만들어주거든요

한때
걷는 것을 버리고 앞만 보며 달렸던 때가 있었지요
곁눈질조차 사치라 생각했으니까요
누가 손이라도 내밀면
호주머니 깊숙이 주먹손을 찔러 넣으며
콩벌레처럼 몸을 말아 지하실로 숨어들었어요

빈 정류장을 지나쳐 가는 버스를 보며

잠시 멈춤을 합니다
당신은 내리면 나도 뒤따라 내리려고요
숨소리가 문신처럼 새겨지고
말렸던 등이 움찔거렸어요

차선이 어제와 엉키네요 그렇다면
후진도 가능하다는 건가요

포엠하우스 22집

우물이 있던 집

이복희

밥 한 끼 합시다
연결고리
딸 결혼하던 날
땀띠
물이 샌다
꽃무릇
통증
박치

poem house

- 한국문인협회 회원
- 현, 김해문인협회 회장

밥 한 끼 합시다

함께 식탁에 앉아 삶을 나누고 싶다
오늘은 밥 한 숟가락으로
내일은 찬 한 젓가락으로
찬찬히 꼭꼭 씹어 맛을 나누고 싶다

벚꽃길을 지날 때는 앙드레 가뇽의 '조용한 날들'을 감상한다 어김없이 길을 잃고 낯선 곳으로 드라이브를 하고 있지만 웃고 있다 행복했던 순간은 멈추었고 머리 위에선 벚꽃비가 나린다

먼저 손을 내밀어야 하는데 내 손을 잡아주기를 바라기만 한 건 아닌지 손바닥에 내려앉은 꽃잎을 물끄러미 바라본다

연결고리

걸음걸이가 시원찮았는지
발목이 욱신거려요
아킬레스건을 꾹꾹 눌렀더니
발가락이 움직여요

키우던 화초가 죽었어요
한낱 물살이에 불과하다고는 하나
어쨌든 네게는 이별이에요

불현듯 할아버지께서 사라지셨고
불현듯 작은아버지도 사라지셨고
아버지 마지막 깊은 숨도 보았고
동생의 마지막 깊은 숨도 보았어요
숨을 쉴 수 없었어요

연결된 고리가 있었는지
드라마를 보고 울대가 묵직해졌어요

딸 결혼하던 날

눈을 마주칠 수 없었다
옥죈 나의 욕심이
힘들게 했을 텐데
'엄마, 고마워'라는 말이

눈을 마주칠 수 없었다
할미꽃으로 보여주고 싶지 않지만
더디게 내게서 멀어졌으면 해서

눈을 마주칠 수가 없었다
'사랑해' 더 많이 해주지 못해서
네 얼굴이 내게서 희미해질까 해서
내 얼굴이 네게서 희미해질까 해서

행복하냐고 매일 묻고 싶다
가슴에서 고인 물을 꾹꾹 누른다

땀띠

뜨거운 여름은
유통기한 없이
해마다 내 몸에 닿는다
타협이 안 되는 땀샘
등짝, 겨드랑이, 목덜미를
흠씬 젖게 한다
재채기처럼 피어나는 땀띠는
대상포진처럼 가렵고 따끔거린다

문득,
장대비를 뚫고 나오는
그때 그 여름의 추억

물이 샌다

수도꼭지에 틈이 생겼다
똑 똑 똑
밤새 큰 대야를 가득 채운다
세수하고 걸레를 빤다

기억에 틈이 생겼다
온종일 바쁘게 지냈다
일기를 써야 하는데
생각이 나지 않는다
세수하고 걸레를 빤다

새고 있다

꽃무릇

가을 문턱에서
얼굴부터 내밀었어요
붉은 고백으로 사무친
그리움이에요

무릇,
꽃무릇,
잊히지 않는
다시 만나지 못할
사랑이에요

통증

오른쪽 눈에서 왼쪽 눈으로
고압전류가 흐른다
자다가 비명을 지른다
창을 뚫고 스며든 달빛
아무도 없다
긴 베개를 가랑이 사이에 끼고
다시 잠을 청하지만
채워지지 않는다
눈알 하나가 똑 떨어진다
괜스레,
머리카락을 헝클어 본다

박치

미러볼이 오색찬란한 황제노래방
한 박자 늦게 뒤따라간다

소주로 혈관을 소독한다
한 잔은 고삼차보다 고약하다
두 잔은 미간을 자극하는 쓴맛이다
석 잔은 달게 온몸을 데운다
무거운 눈꺼풀이 박자를 불러온다

마음의 경계가 무너지고
소심한 불안이 풀어지고
박치를 벗어난다

포엠하우스 22집

우물이 있던 집

김미희

섞인다, 노랑
우무질
기침
수국
안내문
해토解土
측면
그냥 사용 설명서

poem house

- 《문학 21》 등단
- 김해문인협회 회원

섞인다, 노랑

가로수 벚나무의 짙은 초록 사이에
슬금슬금 늘어나는 흰머리처럼
노랑이 섞인다

개나리처럼 눈부시지도 않은 노랑
얼굴에 기미가 낀 노랑
습자지처럼 나날이 바스락거리는 노랑

노랑의 지분이 늘어난다
가지에 공터를 매달려고 기웃대는
노랑

제자리에서 겹겹의 길을 가는
나무를 건너
숨이라는 잎맥에 온갖 빛깔을 켜고 끄는
일인칭들에게로

숨죽이고 있다가 무너지는 노랑이
통증의 우물들을 다 채우고
새 틈을 찾아 넘실대는

허기진 노랑이

빈 의자만 두고 갈
노랑이

파편처럼 박힌 나무를 본다

우무질

쉴 새 없이 두근대는
까만 점 하나를 품고 있어요

점의 좌표는 아직 제로예요
바람과 물결이 도착하기 이전이죠

기쁨과 슬픔이 없는 이곳은
고요와 충만이 점을 흔들어요

눈동자와 혀, 척추와 물갈퀴는
이 미동의 다음인가요

두근거림이 조금씩 자라나
벽을 두드려요

막 도착한 소리의 입술이
초성을 뱉는데요

처음이 가닿을 귀들은
아직 다른 우무질 속에 잠들어 있어요

〉
이 조용한 예습이 완성되면
벽을 찢고 나갈 거예요

그래요, 나는
물속 겹겹에 빠뜨리고 온
나의 울음을 건지러
막 출발하는
까만 꼬리들이죠

기침

얼굴이 일그러지다 펴지기를 반복한다
가려움이 목구멍을 긁기 시작한다
서서히 돌기 시작하는 발전기처럼
눈매와 코와 입술이 씰룩거린다
그의 내부에서 뭔가가 차근차근 부풀고 있다
곧 팽창과 폭발이 시작되리라
경전철 안의 조용함에 금이 가리라
사방으로 튄 파편이 공간에 흩어질 것이다
이 증세의 주인이라고 착각하는 그가 긴 손가락으로
거미처럼 가방을 뒤진다
모든 지퍼를 열어보지만 마스크는 보이지 않는다
그는 이 가동을 중단시키고 싶다
저돌적으로 돌아가는 컨베이어벨트를 멈추려고
손바닥이 뜨겁도록 붙잡지만 실패한다
곧 기계가 만드는 뻥튀기처럼 기침이 터지기 시작한다
하나씩 하나씩 튀어나오다가
얼굴을 붉게 칠하며 몇 개가 연달아 쏟아지기도 한다
총알 같은 기체의 반동으로 그의 목이 흔들린다
태풍 속의 머리카락이 앞으로 쏠린다
몇 개의 경추가 미세하게 어긋나려다 맞물린다

그는 충혈된 흰자위의 면적을 바꾸며 주위를 둘러본다
휴대전화에 붙어 있던 전철 안의 시선들이
본드처럼 찐득한 액정을 겨우 떼고
의심의 고개를 든다
또 하나 뻥튀기가 터진다
소리에는
압력으로 일그러진 자음과 모음이 뭉쳐져 있다
허공을 가로지르는 운석처럼 휙 지나간
낯익은 이 물질
아무도 그것의 속도와 구성 성분을 눈치채지 못하리라
곧 휘발되므로
반소매를 입은 그의 팔이 소리의 입구를 막는다
형태가 일그러진 뻥튀기가 된다

수국

어디부터가 꽃이고
어디까지가 헛꽃인가요
이름을 묻고 있다
당신의 이름은 헛것으로부터
얼마나 멀리에 있습니까
물거품의 어법이다
푸른 장화를 신고 물소리가
창을 두드렸다
내 눈물과 갈증의 무늬도
몇 겹 더 풍성해졌다
사방연속무늬를 가진
그림자 속에서
꽃 틈을 메우려고 꽃들이 수런댄다
헛것 사이에 허수를 매달고
새벽처럼
푸른 수국이 오고 있다

안내문

너무 많이 가지치기한 문장입니다
빈틈을 가득 붙여넣었습니다
당신도 보이지 않고 나도 보이지 않습니다
화살표를 따라가면 무엇이 보일까요
몇 개의 숫자가 생몰연대라는
식어버린 날들을 전하고 있습니다
빈틈끼리 서로의 틈새에 눈을 맞춥니다
빗물에 씻긴 감정들이 있군요
지문 위의 지문을 지우는 것은
바람의 취미입니다
뜨거웠던 시간은 어디에서 펄럭이고 있을까요
당신의 상상은 자유이므로
경우의 수들이 잔디밭에 자라고 있습니다
나는 코가 성긴 그물입니다
당신이 빠져나간 낡은 그물입니다
서로의 그림자가 겹치는 짧은 시간에
우리의 오독은 마침표를 찍습니다

해토解土

흙 알갱이는 언제
두 개에서 네 개가 되나

흙이 신음도 없이 몸을 풀고 있다
땀이 흐른다

딱딱한 얼음 창을 열어젖히고
나온 처음들이
물기를 말리고 있다

이름에 도착하기 전까지
기다림이다
설레임이다

뭉게구름의 뼈가 되려고
연두색 옹알이를 모으는
귀가 되려고

이름보다 천천히 이름의
내면이 되려고

〉
흙 알갱이들이 조금씩 곁을 넓힌다

새로운 빈 의자에
나 보다
우주의 물방울을 먼저 앉히는

이 아름다운 인사법은
어디에서 오나

측면

이 얼굴과 저 표정 사이에
이 사실의 진상과 저 진술의 허위 사이에

너는 있다

이 동네서 처음 보는 얼굴이고
이 골목에서 매일 달라지는 뒤통수다

얼굴에 눈동자만 빼곡하다
눈마다 다른 곳을 보고 있다

각도기의 눈금처럼 여러 위치에 매달린
시선으로 나를 구경 한다

나는 경우의 가면까지 탈탈 털리지만
타인의 얼굴처럼 웃고 있다

할 말과 꿀꺽 삼킨 말 사이를 오가는
쥐새끼처럼
본 것과 안 본 것을 섞어 침방울을 튀기는

입술 두툼한 거간꾼처럼

너는 치밀하지도 못하면서

꼬리를 잘라버리면
새 꼬리를 쏙 내미는 도마뱀처럼
유유하다

정면이 없기 때문이다

그냥 사용 설명서

겨울은 무슨 신호를 듣고 얼음 옷을 벗는지 몰라
그냥을 기다리네
꽃 한 송이가 피는 숨소리를 들으러
그냥이 귀를 기울이네
열매 한 알이 익어가는 속도를 모르니 그냥이 지나간
줄 아네
빨강의 깊이를 볼 수 없어 맹인처럼
그냥이라 중얼대네
아침 햇살은 그 많은 그냥을 어디에서 다 갖고 오는지
두 손에 넘치는 그냥들에게
나는 빚 진 게 많네
빗방울들이 서로의 손을 놓고
바닥에서 작은 동그라미가 되는 그냥을
들여다보네
그냥이라고 말하는 순간에
허공을 딛고 가는 행성의 옷깃들, 겹겹의 거리를
노트에 다 옮길 수 없어서
나는 이름도 색깔도 향기도 모르는
화살 같은 그냥을
그냥 보내네.

여채원

두 마음
힘을 주는 말
착각
노을
흰 꽃밥
화점
– 떨어진 동백꽃을 바라보며
홍어
시접

poem house

- 2022년 《시사문단》 시부문, 2023《수필과 비평》 수필부문 등단
- 김해수필협회 회원

두 마음

학교 가는 아침이면 아랫마을 사는 혜숙이가
우리 집 장독대 위에 가방을 올려 둔 채
댓바람부터 메리와 장난치며 뛰노는 일이 잦았다
베개 자국 선명한 얼굴 감출 새도 없이 서둘러 나서면
혜숙이가 기다리지 않아도 되건만
황소고집 엄마는 등굣길 빗장을 열어주지 않는다.

밥그릇에 소복이 담긴 밥이 반 이상
내 입으로 들어가는 것을 기어이 보고서야
길을 터 준다

이마가 넓어 태평양이라는 별명을 가진
성격 좋은 혜숙이는
엄마와 밥으로 실랑이하는 나를 보며
차라리 메리와 놀고 있다
늦게 나선 미안한 마음과 달리
오늘따라 정수리에 곤추선 머리카락이
유난히도 찰랑거린다

학교 근처에 다다르면

실개천에 놓인 작은 나무다리를 건넌다
그 다리 위에 작은 내 마음을 놓아
혜숙이를 먼저 건너게 한다

아침이슬 머금은 풀이
신발을 적실 만큼 작은길에
몸집보다 더 큰 가방을 메고 학교로 가는
유난히 몸집이 작은 어린 소녀를 위하는
엄마와 혜숙이의 두 마음이 놓여 있다.

힘을 주는 말

힘내란 말보다 더 힘을 주는 말

힘들면 언제든지 뒤를 봐

내가 있을게

착각

큰소리로 상처를 주는 막말을 뱉으며

본인은 시원한 성격이라

앞말은 해도 뒷말 안 하는 스타일이란다

짜장면이 걸려 코로 나올 뻔했다.

노을

쉬이 보내지 못해
산허리에 걸쳐놓았다가
점점 스러지는
저녁노을을 바라보며
바다의 눈동자는 붉어진다

까만 밤이 쓰다듬으며 위로해 주자
붉은 노을을 삼킨 밤바다는
쏴 밀어내는 파도로 슬픔을 토해낸다.

흰 꽃밥

푸른 별보다 일찍 일어나
흰 밥 지으시던 어머니
늦었다며 그냥 뛰쳐나가는
막내딸 뒷모습 바라보며

정 없는 것, 한술이라도 뜨고 가지

화점
  － 떨어진 동백꽃을 바라보며

인생길에 온점을 찍듯
홀로 마지막을 감당한다
벌도 나비도 찾지 않는
동박새 울음만 가득한 채

홍어

헝클어진 낚싯줄 염주 삼아
토해내던 어머니의 넋두리도
언 손 녹이는 어부의 고된 삶도
알싸한 홍어 한 점, 막걸리 한 잔이면
한 해 시름 코끝에서 녹아내린다

오명을 쓰기도
찬사를 받기도 하며
시간 속에 익어가는 홍어처럼
우리의 인생도 닮았다

언젠가
힘든 순간이 생길 때면
익어가는 삶의 또 다른 오묘한 맛이라 여길 것이다.

시접

묵은 옷장을 정리하던 날
투박한 티셔츠를 부여잡고
가슴 먹먹한 추억의 서랍을 연다

엄마는 늘 육 남매 덩치보다 큰 옷을 샀다
콩나물 자라듯 커가는 자식들에게
오래 입힐 심사였겠지만
얼마 가지 않아 냉큼 작아진다
그럴 때마다 엄마는
옷 속의 시접을 찾아내어
시접 단의 맨 끝까지 다시 바느질하셨다

골무를 벗으며
덩치가 제일 큰 둘째 언니에게 입어보라 하고는
세상 행복한 미소를 지어 보이신다

그 시절 시접은
육 남매를 키우시던
엄마의 자랑스러운 히든카드였을지도

옷가지들을 정리하며
딸아이의 옷 하나를 들여다본다
패스트패션시대에 맞게
시접이 거의 없다
사람과의 관계에서도
적당한 시접만큼의 거리를 두고
내 마음에도 시접만큼의 여유를 둔다면
나만의 히든카드가 되지 않을까.

포엠하우스 22집

우물이 있던 집

양민주

초심
소나무 사이로 비치는 푸른 하늘
흰 연기가 피어오르는 그림
철쭉이 피어 있는 산
참죽나무 탁자
웃음을 그리다
바닷가 마을 골목길
꽃이 아닐 것 같아서

poem house

- 2015년 《문학청춘》 등단
- 시집 『아버지의 늪』, 『산감나무』, 수필집 『아버지의 구두』, 『나뭇잎 칼』
- 원종린수필문학작품상, 경남문인협회우수작품집상 수상

초심

  집에 온다기에 조심해서 와 해야 할 것을 초심해서 와 했다 조심하지 못하고 초심해 버렸다 그는 초심을 어떻게 생각할까 풀이 바람을 기다리는 마음일까 별빛이 잠드는 새벽녘 어머니가 촛불 밝히고 기도하는 마음일까 보고 싶어 빨리 오라고 부르는 마음일까 아니면 다 된 밥에 초치는 마음으로 생각할까 초심으로 돌아가 헤아려도 그 행간이 어렵다 그를 맞이하기 위해 목욕탕에서 묵은 때를 밀고 나온다 가을 하늘이

소나무 사이로 비치는 푸른 하늘

 소나무 아래를 걷는다 눈을 반쯤 감고 가을을 데리고 걷는다 수많은 틈새로 새어드는 빛 그것을 햇살이라 부른다 햇살은 늘 화살처럼 쏟아진다 내가 하늘을 바라보는 이유는 단지 사람일 뿐, 소나무 그늘을 찾는 건 푸른 하늘을 바라보겠다는 결의다 소나무는 하늘을 다 가리지 않는다 나뭇가지는 왜 팔을 벌릴까

흰 연기가 피어오르는 그림

  저녁노을이 왜 초록색일까 어머니는 왜 흰 저고리를 입고 흰 수건을 머리에 둘렀을까 보리가 누렇게 익은 들녘에 흰 연기가 피어오른다 어머니가 추수하고 남은 보릿대를 태운다 어머니의 손엔 기다란 막대기가 들려있다 저 막대기로 요술을 부리는 걸까 피어나는 연기엔 그림자가 없다 어머니는 정중동靜中動하시고 나는 그림을 뚫어지게 바라본다 어떤 주문을 걸어 그림 속으로 들어갈까 그림 속에서 갈퀴를 들고 일을 하는 사람이 될까

철쭉이 피어 있는 산

 가르마처럼 길이 있다 산길을 걷고 또 걷고 걸음을 쌓으며 나는 늙어간다 종착지도 모르고 가는 길 꽃잎 속 별을 찾고 쉬어갈 수 있다면 얼마나 좋을까 늙는 것은 철쭉이 피어 있는 산처럼 붉게 물드는 일이다 가는 봄에 따뜻한 바람 불어와 붉음이 흔들린다 언젠가 다 넘어갈 이산 붉음은 초록을 앞세우지 않는다

참죽나무 탁자

 땀에 젖은 손바닥으로 세수시킨다 얼굴은 땀으로 반짝반짝 윤이 난다 네 발로 엎드린 등짝엔 꽃병이 있고 꽃병에는 피라칸사스 빨간 열매가 꽂혀 있다 담홍색 피부는 친절하다 읽다 만 민화가 놓여 있고 엎드려 잠자는 내가 있다 너의 친절한 하루가 나에겐 잠이 된다 너는 네 다리로 하루를 건너고 나는 붉은 꿈 꾸며 하루를 건넌다 참죽나무에 붙은 매미가 우는 여름 나는 낮잠에서 깬 아쉬움에 서럽다

웃음을 그리다

바닥에 엎드려 수묵으로 나무를 그린다 우듬지와 가지를 그리고 잎 대신 입을 그린다 입에다 내 웃음을 옮겨 놓는다 웃음 없이 그린 그림은 그림이 아니라며 웃으며 그린다 나뭇잎 한 장 그리고 웃자 나뭇잎 두 장 그리고 웃자 나뭇잎 세 장 그리고 웃자 되뇌는 가슴이다 나무에는 웃음이 가득 매달렸다 수묵으로 그린 입에도 가을 단풍잎처럼 물이 들까

바닷가 마을 골목길

 붉은색 슬래브 지붕에 작은 창이 인상적이다 길가 전봇대 아래서 나는 서성인다 바다로 이어진 골목길에서 기억의 실마리를 찾고 있다 저 멀리 보이는 바다는 뱀처럼 말이 없다 여기서 저기까지 멀어지다가 가까워지다가 멀어진 길 까마득하다 골목길의 기억은 무엇일까 60년대 여류화가가 그린 그림 속에 내가 들어와 있다 창에 비치는 여인의 실루엣을 올려다보고 있다 짝퉁일지도 모를 위험한 그림

꽃이 아닐 것 같아서

 꽃을 사랑한 화가는 밤낮 꽃을 그린다 캔버스 가득 꽃을 그린다 민들레 별꽃 쑥부쟁이 패랭이 개불알 애기똥 며느리밑씻개 나리 나팔 나비 나비는 꽃이 아니어도 그린다 계절도 없이 그린다 꽃이 가득한 캔버스는 꽃 천지다 꽃들은 이미 나의 시선을 끈다 세상에서 가장 아름다운 캔버스 속으로 빨려 들어간다 나는 어떤 꽃일까 꽃이 아닐 것 같아서